LA
DETTE PUBLIQUE

EN FRANCE

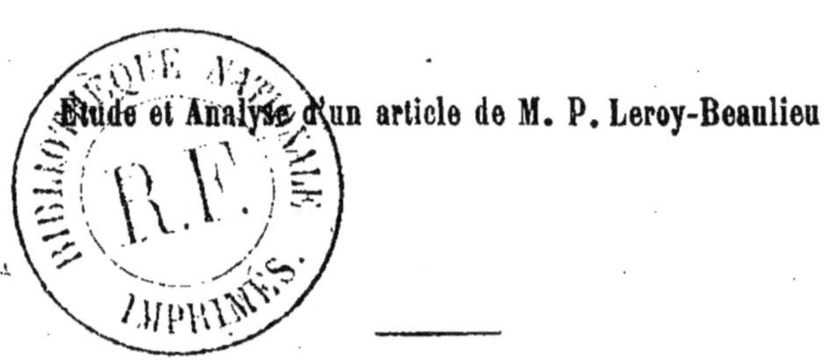

Étude et Analyse d'un article de M. P. Leroy-Beaulieu

(Extrait du *Journal de la Meurthe et des Vosges*.)

NANCY

TYPOGRAPHIE G. CRÉPIN-LEBLOND
14, Grande-Rue (Ville-Vieille.)

1875

LA
DETTE PUBLIQUE
EN FRANCE

Dans l'un de ses derniers numéros, la *Revue des Deux-Mondes* a publié sur la *Dette publique de la France* un travail fort intéressant dont l'auteur est M. Paul Leroy Beaulieu ; nous allons essayer d'en donner une analyse.

« Le phénomène des dettes nationales « n'est pas nouveau », dit M. Leroy Baulieu, « mais il a pris depuis cinquante ans un « développement si prodigieux que l'esprit « en est étonné et presque effrayé. » Les emprunts d'Etat ne sont pas spéciaux aux nations européennes. « Aujourd'hui, l'ex- « trême Orient, le Japon en tête, toutes les « colonies anglaises, depuis le Canada jus- « qu'aux diverses provinces australiennes, « semblent croire qu'une dette publique « est une partie essentielle d'une organisa- « tion administrative vraiment moderne. »

En 1871, un économiste anglais, M. Dudley Baxter, qui avait fait, sur les dettes nationales d'importantes recherches, ne découvrait que trois Etats qui ne fussent point endettés, la Servie, en Europe, la Bolivie, en Amérique et la République de Libéria en Afrique ; « c'était faire assurément grand « honneur au petit Etat des noirs émancipés « que de le comprendre dans cette énumé- « ration ; mais de ces trois exceptions, il y « en a déjà une, la Bolivie, qui a disparu. »

Si le phénomène des dettes publiques a gagné en généralité, il ne s'est pas moins développé en intensité. D'après les recherches de M. Dudley Baxter, l'ensemble des dettes nationales des pays civilisés montait, en 1715, à 7 milliards 500 millions de francs ; déjà la France était la première parmi les nations endettées, puis la Hollande, l'Angleterre, l'Espagne, les Républiques italiennes et les Etats allemands. En 1793, l'ensemble des dettes publiques des contrées de notre groupe de civilisation s'élevait à 12 milliards et demi de francs, l'Angleterre devant à elle seule plus de la moitié de cette somme.

De 1793 à 1820, les dettes nationales s'accrurent infiniment plus que dans les quatre-vingts années précédentes ; l'ensemble, à la dernière de ces dates, en peut être évalué à 38 milliards de francs, dont 23 milliards pour la seule Angleterre. La longue période de paix qui s'écoula de 1815 à 1848 n'allégea pas, comme on pourrait le penser, le poids des engagements des Etats; lorsque éclata la révolution de Février, l'ensemble

des dettes publiques des peuples civilisés
montait à plus de 44 milliards. De 1848 à
1870, le chiffre moyen des emprunts d'Etat
s'est élevé à 2 milliards et demi de francs par
année ; à la veille du terrible choc entre la
France et l'Allemagne, le montant des dettes nationales pouvait s'évaluer à 100 milliards de francs : « L'on ne risque pas de
tomber dans l'exagération, » dit M. Leroy
Beaulieu, « en estimant que les dettes pu-
« bliques des peuples de notre groupe de ci-
« vilisation représentent actuellement une
« somme qui équivaut à toute la richesse de
« la France. » Notre pays tient aujourd'hui
le premier rang sur la liste des Etats endettés.

La somme que nous devons en capital et
dont nous payons les intérêts annuels a été
empruntée, sauf un vingtième environ, depuis soixante ans. Afin d'unifier les diverses
sortes d'engagements qui constituaient les
dettes de l'ancien régime, la loi du 24 août
1793 créa le grand-livre de la dette publique; les rentes intégrales susceptibles d'être
inscrites dans ce grand-livre s'élevaient à
174,716 000 francs d'arrérages annuels en
5 0/0. Après la loi du 9 vendémiaire an VI
et en conséquence des procédés irréguliers
et arbitraires du tiers consolidé, les arrérages de la dette ne montaient plus qu'à 40
millions 216,000 fr.

Ainsi, lorsque fut créé le Consulat, notre
dette publique était presque insignifiante.
« Un poids annuel de 40 millions de francs
« pour une nation qui comptait 25 millions
« d'habitants et dont le budget s'élevait à

« 600 ou 700 millions, c'était un fardeau
« singulièrement léger. La Grande-Bre-
« tagne, à la même époque, ayant une po-
« pulation moitié moindre, prélevait sur ses
« ressources, pour le service des intérêts de
« sa dette, 422 millions de francs. La Hol-
« lande, expiant les fautes commises par ses
« gouvernants au XVII° et au XVIII° siè-
« cle, avait encore une dette triple de la
« nôtre. Celle de l'Autriche était assez nota-
« blement supérieure à la dette de la
« France. »

On est étonné de la faible augmentation
de notre dette nationale sous le régime de
1800 à 1814. Au 1ᵉʳ avril de cette dernière
année, les arrérages de la dette consolidée,
qui n'était composée que de 5 pour 100,
montaient seulement à 63 millions 307,637
francs. Encore doit-on dire que sur cette
somme, 6 millions de rentes en chiffres
ronds représentaient les dettes des pays
réunis à la France ; 10 millions de rentes
avaient été créés pour pourvoir à l'arriéré et
aux dettes criardes que le Directoire mou-
rant avait laissé à la charge de son succes-
seur. Ainsi, de 1800 à 1814, la dette con-
tractée par le Consulat ou l'Empire pour
ses propres besoins, ne dépassait pas 7 millions de rentes ou 140 millions de capital.

L'invasion, les Cent jours, nos propres
frais de guerre dans la courte et dernière
campagne de l'Empire, l'indemnité exigée
par nos vainqueurs, vinrent accroître dans
d'énormes proportions cette dette publique
si modérée. La Restauration a été dès ses
premiers jours dans une situation singuliè-

rement embarrassée, ayant à payer aux alliés 700 millions de contribution de guerre en cinq ans ; à entretenir 150,000 hommes de troupes étrangères pendant le même temps, à liquider les dettes que laissait l'Empire croulant, à réparer la spoliation dont les émigrés avaient été les victimes, et à consolider ainsi, dans les mains de leurs nouveaux détenteurs, la propriété des biens nationaux. Jamais nos finances n'ont été conduites avec tant de prévoyance, de vigueur, d'honorable et nécessaire parcimonie que par MM. Louis, Corvetto et de Villèle. — Mais qu'il soit permis, au signataire de cette analyse du travail de M. Leroy-Beaulieu, de consigner ici un fait peu connu : le gouvernement de la Restauration, en présence des charges qui lui incombaient, charges moins lourdes cependant que celles qui grèvent en ce moment nos finances, le gouvernement de la Restauration, dis-je, n'hésita pas à établir en 1817, 1818, 1819 et 1820 de quarante-trois à quarante-huit centimes additionnels sur la contribution foncière ; pour 1817, sur la contribution personnelle mobilière, quatre-vingt-dix-sept centimes, qui descendirent à quarante-huit les années suivantes ; sur la contribution des portes et fenêtres, quatre-vingt-dix centimes pour 1817 et 1818, et cinquante centimes pour 1819 et 1820. C'était une nécessité cruelle, dictée par les circonstances : le gouvernement et les Chambres y souscrivirent !

Nos législateurs actuels, malgré un déficit devenu en quelque sorte permanent et mal-

gré l'insuffisance prouvée des moyens auxquels on recourt pour combler ce déficit,
n'osent pas s'adresser à la contribution directe (excepté aux patentes) ; c'est, presque
timidement, que le ministre des finances,
de son côté, propose, pour 1876, un décime
additionnel au principal de la contribution
personnelle mobilière, et à celui de la contribution des portes et fenêtres (décime additionnel rejeté l'an dernier avec celui qui
avait été proposé pour la contribution foncière) !

« Du 1ᵉʳ avril 1814 au 1ᵉʳ avril 1830, la
« Restauration émit 164,779,000 francs de
« rentes nouvelles, sans compter celles qui
« furent créées en remplacement des rentes
« 5 0[0 converties en 1825. Ces émissions
« successives venant s'ajouter aux 63 mil-
« lions de rentes existantes au 1ᵉʳ avril 1814,
« auraient porté lors de la révolution de
« juillet à 228 millions de francs en chif-
« fres ronds le total des arrérages de la det-
« te consolidée de la France ; mais par la
« conversion de 1825, il y eut une réduc-
« tion de plus de 6 millions sur les intérêts
« annuels de la dette, l'amortissement ra-
« cheta pendant la même période près de
« 54 millions de rentes, et 3 millions 1[2 de
« rentes furent annulés après avoir fait re-
« tour à la couronne. Aussi, au 1ᵉʳ août
« 1830, la dette consolidée de la France ne
« s'élevait qu'à 164 millions 1[2 en arréra-
« ges. Ce chiffre était minime, si l'on tient
« compte de la diversité et de l'étendue des
« engagements auxquels il avait fallu pour-
« voir. La dette de la France à cette épo-

« que ne représentait pas le quart de celle
« de l'Angleterre, dont le service exigeait
« 718 millions par année, et elle ne dépas-
« sait guère en capital la dette de la Hol-
« lande. »

Il est à remarquer que dans les emprunts
qu'il contracta jusqu'en 1818, le gouvernement de la Restauration écoula ses titres à
des taux qui s'échelonnèrent de 52 fr. 50 c.
à 67 fr. 60 c. pour 5 francs de rente ; d'où
cette conséquence que la dette nominale résultant de ces emprunts fut supérieure des
deux cinquièmes environ à l'ensemble des
sommes versées par les prêteurs. Méthode
mauvaise, ordinairement suivie dans les
emprunts d'Etat, qui a pour résultat de
grossir prodigieusement le capital nominal
de la dette et d'en rendre très coûteuse l'extinction éventuelle. Il vaudrait bien mieux,
lorsque les circonstances ne permettent pas
d'emprunter à 5 pour 100 au pair, créer
sans hésiter, du 7 ou du 8 pour 100, ou tout
au moins du 6, comme l'a fait en 1870, la
délégation de Tours pour l'emprunt dit
Morgan, qui a encore sur les autres emprunts un avantage immense, celui d'avoir
été émis en obligations amortissables. Sans
doute, de cette manière, on augmente un
peu la charge annuelle en intérêts, et encore cette augmentation est plus apparente
que réelle ; mais on facilite singulièrement
le remboursement du capital pour le cas où
on voudrait effectuer ce remboursement.

Cette distinction, au point de vue des emprunts d'Etat, est tellement importante, que
je m'y arrête un instant pour bien faire com-

prendre, au moyen d'exemples, la différence des deux procédés.

Un Etat, dont le crédit est compromis, veut emprunter 500 millions qu'il se propose d'amortir aussitôt que les circonstances le lui permettront. Dans l'impossibilité de trouver prêteurs à 5 pour 100 au pair, il émet ses titres en 5 pour 100 à 83 fr. 33 c.; c'est-à-dire qu'il donnera 5 francs de rente pour chaque 83 fr. 33 c. qu'il recevra, mais pour lesquels il promet 100 francs en cas de remboursement. De telle sorte que le prêteur fait, dans le présent, un placement à 6 pour 100 et qu'en outre il peut espérer recevoir (pour chaque 5 francs de rente dont il sera porteur, lorsque l'Etat, son débiteur, lui rachètera sa dette), 16 fr. 67 c. de plus qu'il n'a prêté. Il est bien entendu que je ne saurais m'occuper ici des combinaisons financières, rachats de rentes ou autres, auxquelles l'Etat aurait recours au cas où il voudrait rembourser ses créanciers ; je veux faire seulement saisir au lecteur le mécanisme des emprunts d'Etat. — En somme, pour recevoir effectivement 500 millions, l'Etat aura émis pour 30 millions de rente ; mais quand il remboursera ses prêteurs, il aura à leur payer autant de fois 100 francs qu'il a reçu de fois 83 fr. 33 c.; il paiera en d'autres termes 600 millions pour 500 millions, soit 100 millions de plus qu'il n'a reçu. — Donc, en émettant un emprunt en 5 pour 100 à 83 fr. 33 c., on emprunte véritablement, d'une part, à 6 pour 100 ; mais, d'autre part, on augmente d'un cinquième en trop la dette nominale. La création du 3 pour 100 en 1825, et l'émission ultérieure d'emprunts à ce taux à 55 fr., 60 fr. et 65 fr. même, ont été, sous ce rapport, de funestes combinaisons qui rendront fort coûteuse l'extinction de notre dette nationale.

Supposons, au contraire, que, sans se payer de mots qui n'empêchent pas la réalité d'être ce qu'elle est véritablement, l'Etat emprunteur dont je viens de parler n'ait pas hésité à créer tout simplement du 6 pour cent ; il aura, comme dans l'hypothèse de tout à l'heure, 30 millions de rentes à payer pour les 500 millions qu'il aura encaissés ; mais, au moins, le jour où il remboursera ses prêteurs, il n'aura à leur donner que les 500 millions qu'il aura effectivement reçus d'eux, et non pas, comme avec l'autre procédé d'emprunt, 100 millions de plus.

J'ai laissé un instant de côté, pour cette digression, mon rôle d'analyste ; mais j'ai tenu à faire toucher du doigt une grosse erreur économique, du fait de laquelle le capital nominal de notre dette est de plusieurs milliards au-dessus de ce qu'il devrait être. Je sais bien que l'Etat emprunte à fonds perdus, c'est-à-dire qu'il n'est pas tenu au remboursement du capital ; ce capital n'en est pourtant pas moins dû. Or, les avantages de la dernière combinaison que je viens d'exposer sont tellement simples, tellement évidents, tellement palpables, qu'on se demande pourquoi ce mode d'emprunt, bien qu'il ait pour lui la généralité des écrivains financiers, n'est pas le seul adopté ; pourquoi, au contraire, la méthode généralement suivie est celle qui consiste à emprunter en fonds portant un intérèt moins élevé, mais dont les titres sont livrés au public fort au-dessous du pair. La prime de remboursement, pour ainsi parler, est-elle donc un trompe-l'œil qu'on fait miroiter devant le prêteur ? Je ne sais. Mais espérons, avec M. Leroy-Baulieu, que si jamais la France est obligée de nouveau de recourir au crédit, elle renoncera à l'imprudente habitude de reconnaître aux rentiers un capital notablement plus considérable que celui qu'ils versent, « imitant ainsi les fils de famille « prodigues, qui souscrivent des billets pour « une somme plus forte que celle dont ils « ont profité. » Je reviens à mon analyse.

En 1821, l'emprunt émis par la Restauration fut placé au cours de 85 fr. 55 cent. ; en 1823, le gouvernement adjugea à la maison Rothschild frères 23 millions de rentes 5 pour cent à 89 fr. 55 cent. et le 12 janvier 1830, cette même maison souscrivit un emprunt de 80 millions de fr. en 4 pour 100 au taux de 102 fr. 57 c. 1[2. Ce dernier emprunt est le seul qui, en France, ait été émis au-dessus du pair, c'est-à-dire au-dessus du taux de remboursement.

La Restauration, en somme, géra les finances du pays avec une remarquable habileté et une inaltérable bonne foi ; elle avait reçu du gouvernement précédent une dette de plus de 63 millions de francs ; elle en laissait une de 164 millions ; c'était encore un chiffre relativement faible.

A peine installé, le gouvernement de Louis-Philippe dut recourir au crédit. Il contracta au commencement de 1831 un

premier emprunt, en 5 pour cent au cours
de 84 francs, qui produisit 120 millions de
francs effectifs, moyennant une inscription
de 7,142,000 francs de rentes.

En 1832, nouvel emprunt ; mais cette
fois, le crédit s'était sensiblement relevé ;
on reçut 150 millions effectifs en rentes 5
pour cent, émises à 98 fr. 50.

« Jusqu'en 1840, le grand-livre resta
« fermé. Depuis cette époque et pendant les
« huit dernières années de la monarchie
« constitutionnelle, il fut trois fois rouvert.
« A partir de 1840, en effet, l'Europe est
« entrée dans une ère nouvelle : elle subit
« deux entraînements simultanés, l'un lé-
« gitime et bienfaisant, l'autre condamnable
« et meurtrier ; elle a deux passions qu'elle
« satisfait à la fois, celle des travaux pu-
« blics et celle des armements guerriers.
« Ce sont là les deux causes des emprunts
« qui furent contractés en 1841, en 1844 et
« en 1847 ; ils ne furent pas émis en 5 pour
« cent, qui était alors fort au-dessus du
« pair ; ils ne le furent pas même en 4
« pour cent qui était au pair, ni en 3 1[2
« pour cent, fonds que l'on aurait pu créer,
« à l'imitation des Anglais » ; ils furent
constitués en 3 pour cent à des cours dont
le plus bas fut 75 francs 25 cent., et le plus
haut 84 francs 75 cent. ; or, à ces conditions,
les titres donnaient un intérêt modique, 4
pour cent dans le premier cas, 3 fr. 53 pour
cent dans le second.

« La dette transmise par la Restauration
« au gouvernement de juillet montait à
« 164 millions de rentes, celle que la Mo-

« narchie constitutionnelle laissa à la Ré-
« publique de 1848 s'élevait à un peu moins
« de 177 millions de rentes. Le règne de
« Louis-Philippe n'avait donc augmenté
« notre dette publique que de 12 millions
« et quelques centaines de mille francs
« d'intérêts annuels ; les opérations de cré-
« dit, soit par la voie d'emprunts, soit par
« celle de la consolidation des fonds des
« caisses d'épargne avaient créé 38 millions
« de rentes nouvelles, mais l'amortissement
« n'avait cessé de fonctionner et avait
« éteint pendant ces dix-huit années 26
« millions de rentes. La dette de la France
« en 1848 était alors la seconde de l'Europe
« par ordre d'importance, dépassant de 50
« pour 100 environ la dette publique de
« l'Autriche, mais ne représentant que le
« quart de la dette de l'Angleterre, qui était
« de 21 milliards de francs en capital et
« de près de 700 millions de francs en
« intérêts. »

Pendant les trois années que dura la République de 1848, la dette consolidée de la
France fut augmentée de 53 millions de
francs de rentes ; elle montait en 1852 à
231 millions d'intrêts annuels en chiffres
ronds ; ce n'était pas encore le tiers de la
dette publique de l'Angleterre à la même
époque.

Le régime de 1852 devait nous faire
marcher à pas de géant dans la voie des
emprunts. Il débuta cependant par une
excellente mesure, « l'une des plus impor-
« tantes et des plus efficaces que présente
« l'histoire financière de la France, » nous

voulons parler de la conversion du 5 0/0 en 4 1/2, admirablement exécutée par M. Bineau, et qui procura au trésor une économie annuelle de 17 millions et demi sur le service de la dette.

L'emprunt fournit presque entièrement les fonds absorbés par la guerre de Crimée, qui coûta à la France environ 1,750 millions de francs ; 250 millions furent empruntés en 1854 ; 500 millions quelques mois après ; 750 millions en 1855.

A la veille de la guerre d'Italie, nouvel emprunt de 520 millions. Puis 315 millions en 1864 ; 450 millions en 1868 et enfin 805 millions en août 1870.

Au 1ᵉʳ janvier 1870, le chiffre des rentes inscrites était de 358 millions en chiffres ronds ; d'où il faut déduire 3 millions de rentes appartenant à l'amortissement, soit 355 millions de francs d'intérêts annuels représentant un capital nominal d'environ 12 milliards de francs. La somme des rentes existant en 1852 était de 231 millions de francs; l'Empire, jusqu'aux événements de 1870, y avait donc ajouté 127 millions de rentes.

A la même époque, la dette consolidée de l'Angleterre, montant à 650 millions de francs en intérêts, était près du double de la nôtre. La dette de la Russie et celle de l'Autriche-Hongrie atteignaient, en capital, presque les trois cinquièmes de la dette de la France. D'un autre côté, les sommes absorbées annuellement par le paiement des rentes sur l'Etat ne prélevaient pas le cinquième de l'ensemble des crédits portés à notre budget ; en outre, la dette flottante ne s'élevait en juin 1870 qu'à 633 millions. Notre situation financière n'était donc pas mauvaise, quoiqu'elle eût pu et dû être meilleure ; notre dette consolidée n'était pas hors de proportion avec la richesse et la grandeur de la France.

Le bilan que M. Magne, alors ministre des finances, fit distribuer à l'Assemblée nationale, au commencement du mois de novembre 1873, sans être d'une précision complète, portait à 9 milliards 287 millions le montant des charges de la guerre de 1870-1871. Le rapport présenté le 5 janvier dernier, au président de la République, par M. Mathieu-Bodet, évalue ces charges à 9 milliards 820,463,000 fr., auxquels il faut ajouter la perte en revenus annuels résultant de l'annexion de l'Alsace-Lorraine à l'empire d'Allemagne, de 66,390,000 francs. C'est l'emprunt qui a été la ressource principale au moyen de laquelle la France a payé ces sommes énormes ; on y a recouru sous toutes les formes, et il a donné en chiffres ronds 8 milliards 800 millions.

J'ai déjà mentionné plus haut l'emprunt d'août 1870 qui a produit 805 millions en chiffres ronds ; il a été émis en rentes 3 pour cent au cours de 60 fr. 60 c. Puis est venu l'emprunt Morgan en 6 pour 100 avec obligations amortissables et stipulé convertible moyennant un avertissement donné 6 mois à l'avance aux porteurs de titres ; cet emprunt coûte au Trésor 7, 42 pour 100 des sommes reçues ; mais il faut se rappeler combien peu était satisfaisante la situation de la France au 25 octobre 1870. Par ordre de date, nous trouvons ensuite l'emprunt de 1 milliard 530,000,000 fait a la Banque de France (loi du 20 juin 1871) remboursable par annuités de 200 millions en capital et pour lequel le Trésor n'a dû payer que 1 pour 100 d'intérêt ; l'emprunt de 2 milliards (loi du 20 juin 1871) qui a produit 2 milliards 226 millions et dont les arrérages représentent à peu près 6 pour 100 ; l'emprunt de 3 milliards, qui a produit 3 milliards 499 millions et dont les arrérages représentent aussi environ 6 pour 100 ; enfin l'emprunt de 325 millions fait à la Compagnie des chemins de fer de l'Est (loi du 18 mai 1871) auquel correspondent 20,500,000 d'intérêts.

Nous avons fait l'historique de la dette publique française ; nous allons en déterminer le chiffre actuel :

Les rentes 5 0/0 s'élèvent en
  arrérages à................... 346,001,605 fr.
Les rentes 4 1/2 à 37,450,476
Les rentes 4 0/0 à 446,096
Les rentes 3 0/0 à 364,405,476

      Total...... 748,303,653 fr.

d'intérêts exigés annuellement par l'ensemble de la dette consolidée.

Il faut y ajouter : 1° la dette envers la Banque de France, montant encore en capital à 887 millions de francs qui exigeraient au minimum 44 milions d'intérêts « si on vou- « lait emprunter cette somme au public « pour rembourser ce grand établissement « de crédit ; » 2° les intérêts et l'amortisse-

ment des obligations trentenaires de 1862 qui prennent 2,095,000 francs ; 3° le service des obligations de l'emprunt Morgan , 17,759,750 francs ; 4° les intérêts et l'amortissement de la créance aux chemins de fer de l'Est, 20,500,000 francs ; 5° les annuités aux départements, aux villes et aux communes pour remboursement d'une partie des contributions de guerre qu'ils ont payées, 17,422,421 francs ; 6° l'annuité due à la Société générale algérienne , 4,430,000 francs ; 7° les annuités diverses pour ponts, canaux, etc., 4,384,420 francs ; 8° les annuités aux Compagnies de chemins de fer, montant, non compris les garanties d'intérêts, à 22,870,000 francs ; 9° les intérêts des cautionnements et de la dette flottante, 36,700,000 francs ; 10° toute la dette viagère, en déduisant le montant des retenues et autres produits affectés au service des pensions civiles, c'est encore 107,342,000 francs.

« En additionnant tous ces éléments de la
« dette non consolidée, on arrive au chiffre
« de 277,500,000 francs pour le service des
« intérêts de la totalité de cette dette et de
« l'amortissement graduel de quelques-uns
« des chapitres qui la composent. Si enfin
« on ajoute ces 277,500,000 francs d'arré-
« rages des dettes diverses aux 748,303,653
« francs de rentes de la dette consolidée, on
« a le poids total de notre dette publique :
« il est de 1 milliard 26 millions de francs
« en intérêts. Le poids de notre dette pu-
« blique est donc onze fois plus considérable
« qu'en 1814, même en tenant compte de
« l'arriéré qui existait à cette époque; quatre

« fois plus qu'en 1852 ; enfin, il est de plus
« du double du poids de la dette française
« à la date du 1ᵉʳ janvier 1870. »

Les intérêts de la dette nationale de l'Angleterre ne s'élèvent qu'à 650 millions en
chiffres ronds ; aux Etats-Unis, les charges
réunies de la dette fédérale et des dettes
particulières des Etats exigeaient, en 1870,
une annuité de 690 millions. L'Autriche-
Hongrie, la Russie, l'Italie, ne paient,
« pour leur dette, qu'une somme annuelle
« qui varie entre le tiers et la moitié de celle
« qui figure pour le même terme dans nos
« budgets. »

La dette actuelle de la France représente
en capital à peu près 23 milliards de francs.
« D'après les évaluations les plus favora-
« bles, » dit M. Leroy-Beaulieu, « la richesse
« tant mobilière qu'immobilière de la France
« monterait à 150 milliards de francs au
« maximum ; la dette publique serait donc,
« avec l'ensemble de la fortune des Fran-
« çais, dans le rapport de 1 à 7. »

L'ensemble des crédits demandés par le
gouvernement pour l'exercice 1875 s'élève à
près de 2 milliards 600 millions ; les intérêts de notre dette, 1 milliard 26 millions,
comme nous l'indiquions tout à l'heure,
prélèvent 40 pour 100 des ressources bud-
gétaires ; nous ne devons pas porter éter-
nellement ce fardeau, qui est de nature à
entraver singulièrement la liberté d'action
d'un pays qui ne veut pas se désintéresser
pour toujours des grandes affaires et des
grandes entreprises internationales. « Sans
« marcher sur les traces des Etats-Unis

« d'Amérique, qui ont sacrifié le présent à
« l'avenir en accablant le pays d'impôts
« pour racheter en quelques années la tota-
« lité de leur immense dette, on peut aussi
« s'éloigner de l'indifférence de l'Angleterre,
« qui depuis bientôt cinquante ans n'a pres-
« que rien fait pour affranchir les généra-
« tions futures des charges dont les géné-
« rations précédentes ont grevé le pays. »
M. Leroy-Beaulieu voudrait que chacun de
nos budgets, en plus des dépenses ordinai-
res ou extrordinaires, fût calculé de façon à
présenter un excédant de 100 ou 150 millions
destinés à la diminution de la dette soit flottante, soit consolidée ; cette somme ne serait d'ailleurs employée à des rachats de
titres de la dette publique qu'après que la
réalité de l'excédant aurait été constatée.
Cette combinaison aurait le mérite de con-
tribuer à la hausse des fonds publics et de pré-
parer la conversion du 5 0[0 en 4 1[2 d'a-
bord et plus tard même celle du 4 1[2 en 4,
genre d'opérations financières très légiti-
mes, très simples et en même temps très
efficaces au point de vue des charges du
Trésor, lorsqu'elles sont conduites loyale-
ment, comme l'a été en 1852, par les soins
de M. Bineau, alors ministre des finances, la conversion obligatoire du 5 0[0
en 4 1[2.

« Les ressources de la France sont
grandes, sans être inépuisables » ; j'en ai,
comme M. Leroy Beaulieu, la conviction ;
les événements qui se sont succédé depuis
quelques années l'ont, du reste, suffisam-
ment prouvé. Néanmoins, le moment n'est

pas venu où nos budgets présenteront un excédant de 100 où 150 millions. Jusqu'à présent nos législateurs de l'Assemblée nationale n'ont pas réussi à mettre en équilibre les prévisions des recettes et celles des dépenses ; il est cependant indispensable qu'avant d'essayer de diminuer le montant de notre énorme dette nationale, nous assurions au moins le service des arrérages et celui de tous les services publics, parmi lesquels ceux qui se rattachent aux ministères de la guerre et de la marine doivent, par une douloureuse nécessité devant laquelle il faut s'incliner, quelque partisan qu'on soit des œuvres de la paix, figurer au premier rang. C'est encore à l'impôt qu'il faut recourir.

Le rapport dont j'ai parlé précédemment, présenté le 5 janvier au Président de la République par M. Mathieu Bodet, ministre des finances, prévoit un déficit de 24,210,189 fr. pour 1875 et de 88,402,047 fr. pour 1876 ; ce déficit ne peut-être comblé que par de nouvelles ressources ; le ministre indique dans son rapport celles auxquelles il lui paraît opportun de recourir, il les résume ainsi :

Contributions indirectes...	42,500,000ᶠ
Enregistrement..........	24,639,000ᶠ
Douanes...............	17,341,485ᶠ
Contributions directes...	8,660,000ᶠ
Total.........	93,140,485ᶠ

Il y aurait beaucoup à dire sur ces ressources nouvelles proposées par le ministre; mais je me borne à faire remarquer une chose, c'est que sur ces 93 millions, 84 millions et demi sont encore des impôts indirects ; et pourtant l'expérience des dernières années devrait mettre en garde contre des espérances trop optimistes touchant ce genre d'impôts, dont le rendement a donné lieu à tant de mécomptes depuis quatre ans. Il n'est que trop vrai de dire qu'en pareil matière, c'est compter deux fois, que compter sans.... le contribuable. La forme de l'impôt indirect, je le sais, a pour le législateur, quelque chose de plus séduisant que la forme de l'impôt direct ; mais qu'on ne s'y méprenne pas cependant : ce dernier a un avantage incontestable, c'est qu'il rend exactement ce que le législateur en espère. — Il a, sans doute, une forme un peu brutale ; il ne se dissimule pas, comme la plupart des impôts indirects, derrière des prix de vente ; quand il entre chez le contribuable, il dit : « je suis l'impôt ». Eh bien, du moins, on est prévenu, on sait à quoi s'en tenir ; par cela même qu'il ne se déguise pas, il est de toute nécessité qu'il soit justement établi, équitablement réparti ; celui qui le paie peut le discuter en connaissance de cause ; d'ailleurs, si la loi a demandé 10, on a la certitude qu'on ne paye pas 20, 30 ou 40 comme cela arrive pour les impôts de consommation qui trop souvent sont payés par le consommateur trois ou quatre fois grossis, du fait de vendeurs peu loyaux.

J'ai eu occasion de rappeler, dans l'une des pages précédentes, que le gouvernement de la Restauration n'avait pas hésité

à établir, dans des circonstances qui n'é-
taient pas sans analogie avec celles où nous
ont mis les événements de 1870, de 43 à 48
centimes additionnels à la contribution
foncière, 97 centimes sur la contribution
personnelle-mobilière et 90 centimes sur
celle des portes et fenêtres. Que ce souvenir
inspire nos législateurs de 1875 ; qu'ils
aient, comme j'ai eu occasion de le dire
ailleurs, moins de crainte de dépopularisa-
tion et plus de fermeté ! La richesse mobilière
elle aussi pourrait peut-être supporter des
charges nouvelles ! Ces idées, je ne le sais
que trop, ne trouveront que de rares appro-
bateurs ; aussi est-ce au patriotisme qu'il
faut faire appel en pareilles circonstances,
à l'oubli momentané de l'intérêt personnel,
à cet esprit de sacrifice pour la France, enfin,
duquel l'Assemblée nationale eût tout obtenu
en 1871 si elle eût été moins hésitante. —
A mes amis, à mes concitoyens je dirai :
« *Sursum corda pro patriâ*, haut les cœurs
« pour la patrie » ; et à nos législateurs,
alors qu'ils s'occuperont de l'équilibre du
budget : « Plus de déficit ; il faut qu'il dis-
» paraisse ; il faut au trésor des ressources
» assurées, des impôts d'un rendement
» certain et n'ayant rien d'aléatoire ; ce
» n'est pas 8 millions qu'il faut demander
» à la contribution directe, c'est 4 ou 5 fois
» autant, comme le gouvernement vous
» l'avait proposé l'an dernier ; demandez
» quelque chose encore aux valeurs mobi-
» lières ; les circonstances l'exigent, plus
» d'hésitation: *salus patriæ, suprema lex !* »

CLÉANTE.

Nancy, mars 1875.